# यात्रा राजेन्द्रप्रसाद घाट से दत्तात्रेय घाट तक

## (काशी के घाटों का एक झलक)

डॉ. जगदीश पिल्लई

Copyright © Dr. Jagadeesh Pillai
All Rights Reserved.

This book has been published with all efforts taken to make the material error-free after the consent of the author. However, the author and the publisher do not assume and hereby disclaim any liability to any party for any loss, damage, or disruption caused by errors or omissions, whether such errors or omissions result from negligence, accident, or any other cause.

While every effort has been made to avoid any mistake or omission, this publication is being sold on the condition and understanding that neither the author nor the publishers or printers would be liable in any manner to any person by reason of any mistake or omission in this publication or for any action taken or omitted to be taken or advice rendered or accepted on the basis of this work. For any defect in printing or binding the publishers will be liable only to replace the defective copy by another copy of this work then available.

|| श्री काशी विश्वनाथ को समर्पित ||

# क्रम-सूची


प्रार्थना - विश्वनाथष्टकम vii

लेखक के बारे में ix

आमुख xv

**खण्ड 1**

1. राजेन्द्र प्रसाद घाट 3

**खण्ड 2**

2. मान मंदिर घाट 7

**खण्ड 3**

3. वाराही घाट 11

**खण्ड 4**

4. त्रिपुर भैरवी घाट 15

**खण्ड 5**

5. मीरघाट 19

**खण्ड 6**

6. नेपाली घाट 23

**खण्ड 7**

7. ललिता घाट 27

**खण्ड 8**

8. जलशायी घाट 31

**खण्ड 9**

9. मर्णिकर्णिका घाट 35

**खण्ड 10**

# क्रम-सूची


10. दत्तात्रेय घाट ........................................ 39

सन्दर्भ ........................................ 41

# प्रार्थना - विश्वनाथाष्टकम्

गङ्गातरङ्ग रमणीय जटाकलापं
गौरीनिरन्तरविभूषितवामभागम् ।
नारायणप्रियमनङ्गमदापहारं
वाराणसीपुरपतिं भज विश्वनाथम् ॥ १ ॥

वाचामगोचरमनेकगुणस्वरूपं
प्वारार्गीथनाशविष्णुसुरसेवितपादपीठम् ।
वामेन विग्रहवरेण कलत्रवन्तं
वाराणसीपुरपतिं भज विश्वनाथम् ॥ २ ॥

भूताधिपं भुजगभूषणभूषिताङ्गं
व्याघ्राजिनाम्बरधरं जटिलं त्रिनेत्रम् ।
पाशाङ्कुशाभयवरप्रदशूलपाणिं
वाराणसीपुरपतिं भज विश्वनाथम् ॥ ३ ॥

शीतांशुशोभितकिरीटविराजमानं
भालेक्षणानलविशोषितपञ्चबाणम् ।
नागाधिपारचितभासुरकर्णपूरं
वाराणसीपुरपतिं भज विश्वनाथम् ॥ ४ ॥

पञ्चाननं दुरितमत्तमतङ्गजानां
नागान्तकं दनुजपुङ्गवपन्नगानाम् ।
दावानलं मरणशोकजराटवीनां
वाराणसीपुरपतिं भज विश्वनाथम् ॥ ५ ॥

तेजोमयं सगुणनिर्गुणमद्वितीयं
आनन्दकन्दमपराजितमप्रमेयम् ।

नागात्मकं सकलनिष्कलमात्मरूपं
वाराणसीपुरपतिं भज विश्वनाथम् ॥ ६ ॥

आशां विहाय परिहृत्य परस्य निन्दां
पापे रतिं च सुनिवार्य मनः समाधौ ।
आदाय हृत्कमलमध्यगतं परेशं
वाराणसीपुरपतिं भज विश्वनाथम् ॥ ७ ॥

रागादिदोषरहितं स्वजनानुरागं
वैराग्यशान्तिनिलयं गिरिजासहायम् ।
माधुर्यधैर्यसुभगं गरलाभिरामं
वाराणसीपुरपतिं भज विश्वनाथम् ॥ ८ ॥

वाराणसीपुरपतेः स्तवनं शिवस्य
व्याख्यातमष्टकमिदं पठते मनुष्यः ।
विद्यां श्रियं विपुलसौख्यमनन्तकीर्तिं
सम्प्राप्य देहविलये लभते च मोक्षम् ॥ ९ ॥

इति श्रीव्यासकृतम् विश्वनाथष्टकम पूर्ण ॥

# लेखक के बारे में

डॉ. जगदीश पिल्लई एक उत्साही पाठक, लेखक और सच्चे शोध विद्वान है जिनका का जन्म भगवान शिव के नगरी वाराणसी में हुआ था। वह वैदिक विज्ञान में पी.एच.डी. किया हुआ है| वह जन्मजात गुणों, रचनात्मक विचारों और कई उल्लेखनीय उपलब्धियों के साथ एक बहुआयामी पॉलीमैथ है। यद्यपि उनकी जड़ें "गॉड्स ओन कंट्री" (केरल) तक फैली हुई हैं| वाराणसी के निवासी उन पर गर्व महसूस करते हैं और उन्हें वाराणसी के एक बच्चे के रूप में मानते हैं जो बिना किसी अपेक्षा के हर व्यक्ति की जरूरत को पूरा करता है। उनकी प्रोफाइल के गहन अध्ययन से पता चलता है कि उन्होंने कामयाबी के कई सारे पंख जोड़े हैं जो उन्हें काफी अनोखा बनाते हैं। वह निम्नलिखित विषयों में चार बार गिनीज बुक ऑफ वर्ल्ड रिकॉर्ड धारक हैं:

(1) "स्क्रिप्ट टू स्क्रीन" जो उन्होंने कनाडा के लोगों द्वारा पहले के सेट रिकॉर्ड को तोड़कर कम से कम समय के भीतर कला एनीमेशन फिल्म का निर्माण और निर्देशन करके हासिल की। उनके नाम पर कई राष्ट्रीय और अंतर्राष्ट्रीय पुरस्कार और सम्मान भी हैं।

(2) पोस्ट कार्ड की सबसे लंबी लाइन जो उन्होंने 16300 पोस्ट कार्डों द्वारा भारतीय डाक दिवस के 163 साल के अवसर पर की है। यह कार्यक्रम भारतीय ध्वज के बारे में एक प्रश्नावली से भी जुड़ा था।

(3) सबसे बड़ा पोस्टर जागरूकता अभियान - यह "बेटी बचाओ - बेटी पढाओ" विषय पर जागरूकता अभियान तैयार करके प्राप्त किया गया था।

(4) सबसे बड़ा लिफाफा - प्रधानमंत्री की पहल 'मेक इन इंडिया' को श्रद्धांजलि के लिए - उन्होंने रद्दी कागजों का उपयोग करके लगभग

4000 वर्ग मीटर का लिफाफा बनाया है।

(5) भारत के सतरवें स्वतंत्रता दिवस को मनाने के लिए 210 किलो के केक पर 70000 मोमबत्तियां जलाकर वर्ल्ड रिकॉर्ड्स इंडिया में दर्ज अपना नाम दर्ज किया।

(6) सारनाथ के धमेक स्तूप पर 17 भाषाओं में डबिंग करके एक वृत चित्र बनाया है जिसका परिणाम गिनीज वर्ल्ड रिकॉर्ड्स से प्रतीक्षारत है।

वे गीता शिक्षण में बहुमुखी प्रतिभा के धनी हैं। युवा पीढ़ी उनके गीता शिक्षण से प्रेरित है और उन्होंने अपने निरंतर प्रेरक, प्रोत्साहन और शिक्षाओं के माध्यम से कई युवाओं के जीवन को बदल दिया है।

उन्होंने गायत्री मंत्र को 1000 अलग-अलग धुनों में गाया है।

उन्होंने 108 अलग-अलग धुनों में हनुमान चालीसा को गाया है।

उन्होंने सैकड़ों संस्कृत भजन, देशभक्ति गीत आदि की रचना और गायन किया है।

उन्होंने कई सरकारी जागरूकता अभियानों के लिए कई लघु फिल्मों और वृत्तचित्रों का लेखन और निर्देशन किया है।

उन्होंने वीडियो और फोटोग्राफी के माध्यम से विभिन्न मुद्दों पर जागरूकता अभियान फैलाने के लिए यूपी पुलिस और केरल पुलिस को स्वैच्छिक सेवाएं दी हैं।

वह भारतीय संस्कृति, भारतीय मंदिरों और असाधारण लोगों के जीवन पर हजारों किताबें लिखने की राह पर हैं।

यह विश्वास करना कठिन है कि उन्होंने एक विशेष शहर (वाराणसी) पर

100 से अधिक वृत्तचित्रों का निर्माण और निर्देशन किया है, जो अकेले एक व्यक्ति द्वारा किया गया है।

उन्होंने 25 से अधिक लड़कों और लड़कियों को विभिन्न रचनात्मक और अभिनव तरीकों के माध्यम से विश्व रिकॉर्ड हासिल करने में मदद और मार्गदर्शन किया है।

एक बहुमुखी व्यक्ति जो ईश्वर प्रदत्त आशीर्वाद का उपयोग करके अपनी बुद्धि का सबसे अच्छा उपयोग करता रहता है| इसलिए वह कई चीजों को सीखने, अनुभव करने और प्रयोग करने और भेदभाव और असमानताओं की इस दुनिया में चमत्कार करने की अपार क्षमता प्रदान करता है। .

वह एक ही समय में एक शिक्षक और एक छात्र है जो हमेशा हर दिन सीखता है और हर दिन किसी न किसी को कुछ न कुछ पढ़ाता है। एक मास्टर के तौर पर उनकी कमजोरी यह थी कि वह कभी किसी खास विषय पर नहीं टिकते। शायद यही कमजोरी उसे किसी भी क्षेत्र में महारत हासिल करने की ताकत देती है।

उनका प्रत्येक दिन एक नया विषय सीखने के साथ शुरू होता है और वह अपना अधिकांश समय प्रयोग और शोध करने में व्यतीत करते हैं।

वह एक निस्वार्थ सामाजिक कार्यकर्ता और एक प्रेरक वक्ता भी हैं।

उनका जीवन भी संघर्ष, उतार-चढ़ाव और असफलताओं से भरा रहा है। लेकिन उन्होंने कभी हार नहीं मानी और आत्मविश्वास से भरे अपने सभी परीक्षणों और क्लेशों का सामना किया। आज वह एक सफल युवक है जिसके पास बहुत जोश और समृद्ध जीवन का अनुभव है।

उन्होंने अपनी ही धुन से पूर्ण रामचरित मानस 51 घंटे का ऑडियो

गाया है। उन्होंने पूरी भगवद-गीता को भी अपनी धुन में एक लयबद्ध पृष्ठभूमि के साथ गाया है।

उन्होंने 50 अलग-अलग भाषाओं में "लोका: समस्ता: सुखिनो भवन्तु" भी गाया है।

वर्तमान में वेद, उपनिषद, पुराण, भगवद गीता आदि पर विस्तृत और वैज्ञानिक अध्ययन पर काम कर रहे हैं।

वर्तमान में, वह 'यूरेशिया डिजिटल यूनिवर्सिटी' के मानद चांसलर हैं।

## पुरस्कार

चार बार गिनीज वर्ल्ड रिकॉर्ड्स में नाम दर्ज।

महात्मा गांधी विश्व शांति पुरस्कार के विजेता।

महात्मा गांधी वैश्विक शांति राजदूत।

काशी रत्न पुरस्कार।

डॉ० ए०पी०जे० अब्दुल कलाम मोटिवेशनल पर्सन ऑफ द ईयर 2017।

मदर टेरेसा पुरस्कार।

इंदिरा गांधी प्रियदर्शिनी पुरस्कार।

भारत विकास रत्न पुरस्कार।

उद्योग रत्न पुरस्कार।

विज्ञान प्रसार पुरस्कार।

पूर्वांचल रत्न पुरस्कार।

डॉ. जगदीश पिल्लई वैदिक साइंस, भगवद्गीता आदि के टीचर है। उसके आलावा लेखक, गायक, फिल्म मेकर, जेमोलोजिस्ट, आस्ट्रो-वास्तु कंसलटेंट, वर्ल्ड रिकॉर्ड कंसलटेंट, प्राणिक हीलर, स्पिरिचुअल काउंसलर, टैरो कार्ड रीडर आदि विषयों में भी महारत हासिल है।

आप आल इंडिया मलयाली एसोसिएशन उत्तर प्रदेश के चेयरमैन है एवं भारतीय मानवाधिकार एसोसिएशन के 'संस्कृति एवं संस्कार' का राष्ट्रीय सचिव भी है।

# आमुख

कई साल पहले जब जीवन का कुछ मुश्किल समय चल रहा था और उस समय को किसी तरह बिताने के लिए काशी के गंगा किनारे की घाटों में घूमने जाते थे| असी घाट से राज घाट यूं ही पैदल चला करता था| कुछ दिन चलने के बाद एक दिन मन में आया कि सीधे गंगा किनारे से चलने से अच्छा है कि हर घाटों के पीछे जो गलीयां है उस गलियों से भी घूमा जाए| वो मेरा सही निर्णय था क्यों की असली में हर एक घाट के पीछे क्या क्या कहानी है, कौन कौन से मंदिर है और ऐसे कई रहस्य चीज़ों की जानकारी मिलने लगी| फिर मैंने एक दिन एक हैंडीकाम लेकर हर घाट एवं घाट के पीछे के इमारतें मंदिर आदि भी देखने एवं शूट करने लगे| हर घाट के स्थानीय लोगों से उस घाट के बारे में पूछने एवं नोट करने लगे| एक अंकल जी ने मुझे सारे घाटों की इतिहास पर एक बहुत पुरानी किताब भी दिया|

कई महीने बाद मन में आया कि हर एक घाट के ऊपर एक एक वृत्तचित्र बनाते हैं और हम उसकी तैयारी में लगे| शायद एक शहर के किसी एक विषय के ऊपर इतनी वृत्तचित्र दुनिया में पहली बार बनता और गिनीज़ वर्ल्ड रिकॉर्ड में आने की सम्भावना है| उसी के लिए लिखे हुए स्क्रिप्ट को ही दुनिया के लिए और आने वाले सहलानियों के लिए किताब के सीरीज़ रूप में प्रकाशित करने की सोचा जो इस पुस्तक के रूप में आज प्रकाशित हुआ है|

वाराणसी शहर के गंगा किनारे लगभग सौ घाट हैं। इनमें से सबसे प्रसिद्ध और सबसे पुराने घाट दशाश्वमेघ, मणिकर्णिका और हरिश्चंद्र घाट हैं। वहाँ के कुछ घाट हिन्दू शासकों जैसे मालवा क्षेत्र की अहिल्या बाई होल्कर, ग्वालियर के पेशवा, आमेर के मान सिंह, जयपुर के जय सिंह आदि द्वारा बनवाए गए हैं। बनारस की कुछ प्रसिद्ध हस्तियों ने घाटों का नाम अपने नाम पर रखा है। मुंशी घाट का नाम हिंदी कवि मुंशी

प्रेमचंद के नाम से है, तुलसी घाट हिंदू कवि तुलसीदास जी के बाद दिया गया है जिन्होंने रामचरितमानस लिखा है।

अधिकांश घाट मराठा काल में बने थे। मराठा, होल्कर, भोंसले, शिंदे (सिंधिया) और पेशवे (पेशवा) वर्तमान वाराणसी के संरक्षक के रूप में रहे हैं। वाराणसी में सुबह की नाव की सवारी पर्यटकों के आकर्षण के रूप में दुनिया भर में प्रसिद्ध है। यदि आप काशी में एक पर्यटक के रूप में आते हैं तो घाटों के पार गंगा पर नाव में सवार होकर एक छोर से दूसरी छोर तक जाना एक महान स्मृति बनकर जीवन भर मैन में रह सकते हैं।

अधिकांश घाट स्नान एवं पूजा आयोजन के लिए प्रसिद्ध है, जबकि दो घाट विशेष रूप से श्मशान स्थलों के रूप में उपयोग किए जाते हैं जैसे हरिश्चंद्र घाट एवं मणिकर्णिका घाट।

अधिकांश वाराणसी घाटों का पुनर्निर्माण 1700 ईस्वी के बाद किया गया था, जब शहर मराठा साम्राज्य का हिस्सा था। वर्तमान घाटों के संरक्षक मराठा, शिंदे (सिंधिया), होल्कर, भोंसले और पेशवे (पेशवा) हैं। कई घाट पौराणिक कथाओं से जुड़े हैं जबकि कई घाट निजी स्वामित्व में हैं। घाटों के पार गंगा पर सुबह की नाव की सवारी एक लोकप्रिय आगंतुक आकर्षण है।

गंगा हमारे बहुत से पवित्र संस्कारों की साक्षिणीय है। गंगा के तट पर स्नान के अतिरिक्त हमारी संस्कृति से जुड़ी हुई बहुत से सामाजिक अनुष्टान संपन्न कराये जाते है। सभी अनुष्ठानों के केन्द्र में गंगा की पवित्रता और उनके प्रति लोगों का आस्था झलकती है।

गंगा के अभाव में इस अनुष्ठानों के परिकल्पना ही संभव नहीं है। हमारे अनुष्ठानों का शुभारम्भ बाल्यावस्था में मुंडन संस्कारए युवा अवस्था में विवाह मृत्यु पर दाह संस्कार एवं मृत्योपरांत तर्पण तक चलती है। इन सभी अवस्थावों की साक्षी माँ गंगा है। गंगा के तट पर बच्चों का मुंडन

कराना अत्यंत श्रेयस्कर मानते है| बच्चों के आलावा बड़े भी कभी कभी गंगा तट पर मुंडन करवाते नज़र आते हैं|

विवाह के बाद नव दम्पति सर्वप्रथम माँ गंगा का आशीर्वाद लेने अपने परिजनों के साथ आते हैं और गंगा पूजन कर गाठ खोलने की रस्म निभाते हैं | लगन के दौरान बहुत से नव विवाहित जोड़े इस रस्म की अदायकी के लिए घाटों पर दिखाई पड़ते है| उत्तराँचल का महापर्व शूर्य षष्टि जिसको लोग मानस के भाषा में छट कहा जाता है, यहाँ गंगा के किनारे भी बहुत भव्य एवं विशाल पैमाने पर आयोजित किया जाता है| शाम से ही अस्थालाचलागामी भगवान् भास्कर को अर्ध देने केलिए वृति महिलाओं का जन सैलाब उमड़ पड़ता है|

काशी में तर्पण का मतलब तर जाना होता है यानी मोक्ष प्राप्ति जो की हमारे जीवन का परम उद्देश्य है|

राजेन्द्र प्रसाद घाट

# 1

# राजेन्द्र प्रसाद घाट

प्रयाग घाट एवं मानमंदिर घाट के बीच स्थित राजेंद्र प्रसाद घाट 19वीं सदी ई. तक दशाश्वमेध घाट का ही एक भाग था जिसे 1984 ई. के पूर्व तक घोड़ाघाट के नाम से जाना जाता था|

भारशिव राजाओं ने दशाश्वमेध घाट पर दश अध्वमेध यज्ञ करने के पश्चात् यज्ञ के प्रतीक रूप में घाट के उत्तरी भाग में पत्थर का एक अश्व स्थापित किया था जिसके कारण यह घोड़ाघाट नाम से प्रसिद्ध हुआ। घोड़ाघाट नाम के सन्दर्भ में यह भी उल्लेखनीय है कि काशी प्राक् मौर्यकाल से लेकर 19वीं सदी ई. तक घोड़ो के क्रय-विक्रय की प्रमुख केन्द्र था। लेकिन 1984 ई. में उत्तर प्रदेश सरकार द्वारा घाट का पक्का निर्माण होने के बाद इस घाट का नाम बदलकर स्वतंत्र भारत के प्रथम राष्ट्रपति डॉ० राजेन्द्र प्रसाद के नाम पर राजेन्द्र प्रसाद घाट हुआ। घाट के ऊपरी भाग में तीन नवनिर्मित मंदिर है जिनमें दुर्गा रामपंचायतन एवं शिवलिंग स्थापित है।

यह एक विशाल एवं प्रमुख घाट है यहाँ पर बहुत से साधू सन्यासी

भी मिलते है नाविक यहाँ नाव बांधते है हर साल गंगा महोत्सव का आयोजन इसी घाट पर होता है उत्तर प्रदेश सरकार ने 1984 में यहाँ एक सीवेज पम्पिंग स्टेशन स्तापित किया ताकि इसी घाट पर गिरने वाले नालों को बंद कर सके घाट के ऊपर स्थानीय सब्जी मार्केट एवं दूकानें लगती है इस घाट पर हमेशा भीड़ भाड़ लगी रहती है यह घाट भी शहर के प्रमुख सड़क मार्ग से जुड़ा हुआ है|

मान मंदिर घाट

# 2
# मान मंदिर घाट

राजेंद्र प्रसाद घाट एवं वाराही घाट के बीच स्थित मानमंदिर घाट का नाम 16वीं सदी ई. के अन्तिम चरण में आमेर राजस्थान के राजा मानसिंह के नाम से हुआ था इस घाट का प्राचीन नाम सोमेश्वर घाट था। घाट स्थित महल तथा घाट की ओर निकली बुर्जिया एवं झरोखे उत्तर मध्यकालीन राजस्थानी राजपूत दुर्ग शैली का महत्वपूर्ण उदाहरण है।

मानसिंह के वंशज राजा सेवाई जय सिंह ने 17वीं सदी ई. के उत्तरार्द्ध में ग्रह नक्षत्रों की जानकारी देने वाली नक्षत्र बेधशाला का निर्माण कराया था| जिसमें सम्राट यंत्र लघु सम्राट यंत्र दक्षिणोत्तर भित्ति यंत्र नाड़ी वलय यंत्र तथा दिशांग एवं चक्र यंत्र है। इस घाट का पुननिर्माण सर्वप्रथम 18वीं सदी ई. में राजा जय सिंह द्वारा हुआ था| घाट के उत्तरी भाग में 18वीं सदी ई. के अदाल्भेश्वर और सोमेश्वर शिव मंदिर है।

इस घाट पर स्थित विशाल भवन एवं नक्षत्र वेध शाला भारतीय पुरातत्व के संरक्षण में है इस घाट पर स्थित भवनों एवं वेध शाला के कारण यह घाट बहुत प्रसिद्ध है

इस घाट को 1975 में राजस्थान सरकार द्वारा होटल में परिवर्तित करने की कोशिश की गयी थी मगर तत्कालीन राजस्थान पुरातत्व विभाग के

अधिकारियों के सक्रीय प्रयास द्वारा इस बहुमूल्य धरोहर को संरक्षित कर लिया गया| इस घाट के उत्तर तथा दक्षिण में पक्की सीढियां है|

इसका पुनर्निर्माण एवं नवीनीकरण उत्तर प्रदेश सरकार द्वारा 1988 में कराया गया|

वाराही घाट

# 3
# वाराही घाट

मानमंदिर घाट एवं त्रिपुरभैरवी घाट के बीच स्थित वाराही घाट के समीप गली में वाराही देवी का प्रसिद्ध मंदिर है। जिसके नाम पर घाट का नामकरण हुआ है। 1958 ई. में उत्तर प्रदेश सरकार द्वारा घाट का पक्का निर्माण होने के पश्चात यह वाराहीघाट नाम से विख्यात हुआ।

घाट स्थित वाराही देवी का उल्लेख काशी के अष्ट मातृकाओं में हुआ है सवाई मान सिंह द्वितीय संग्रहालय जयपुर से प्राप्त चित्र में भी इस मंदिर को दिखाया गया है। इस घाट पर गंगा स्नान के पश्चात् वाराही देवी का दर्शन करने से मनुष्य विपत्तियों से मुक्ति पा जाते है।

इस घाट पर काशी के दूसरे राजा कहने वाला डोम राजा का निवास है| डोम राजा एवं उनके परिवार के सदस्य काशी के महाशमशान कहे जाने वाला मणिकर्णिका में अंतिम संस्कार के विभिन्न कार्यों को संपन्न करते है|

उनका भवन विशाल है और उनके आवास के आस पास गलियों में उस समुदाय के लोगों के बाहुल्य क्षेत्र है। इस गली के अति निकट ही विशालाक्षी देवी का मंदिर है और इस गली से आगे बढ़ने पर श्री कशी विश्वनाथ मंदिर की गली में पहुंचा जा सकता है।

इस घाट पर पीपल एवं अन्य छायादार वृक्ष है। गंगा से सटी हुई विशाल घाट का समतल प्रांगण है जहाँ बच्चे अक्सर खेल कूद करते दीखते है। इस घाट पर स्नानं कर वाराही देवी दर्शन विधान है|

त्रिपुर भैरवी घाट

# 4

# त्रिपुर भैरवी घाट

वाराही घाट एवं मीर घाट के बीच स्तिथ यह घाट त्रिपुरा भैरवी घाट के नाम से जाना जाता है। यहाँ पर स्थित त्रिपुरा भैरवी मंदिर के नाम से ही इस घाट का नामकरण हुआ। मगर इस घाट का प्राचीन नाम वृद्धादित्य घाट था। घाट के पक्के भाग का निर्माण २० वीं सदी ई के प्रारम्भ में दयानन्द गिरी ने कराया था। इस घाट के ऊपरी भाग में विशाल पीपल वृक्ष के नीचे छोटी छोटी देवकुलिकएं हैं, जिनमें पंचायतन शैली में मध्य में शिवलिंग तथा चारों ओर शक्तिए विष्णुए गणेश एवं सूर्य की आकृतियां बनी है। यहाँ के मंदिर पर की गयी शिल्पकारी काबिल-ए-तारीफ है।

नंदी, बैल आदि शिल्पों को आकर्षित तरीके से दर्शाया गया है। यहाँ की पतली व सकरी गलियों में कई छोटे छोटे मंदिर देखने को मिलते है| कुछ इमारतों पर विशाल के शेर व शिव की मूर्ती स्थापित की गयी है जो की इस घाट को दूसरे घाट से अलग बनती है|

मीरघाट

# 5

# मीरघाट

त्रिपुरभैरवी घाट एवं नेपाली घाट के बीच स्थित मीर घाट का निर्माण काशी के तत्कालीन फौजदार मीर रुस्तम अली द्वारा कराया गया था| इस घाट का पूर्व नाम जरासंध घाट था। क्योंकि घाट के ऊपरी भाग में जरा संधेश्वर शिव मंदिर है। घाट पर कार्तिक माह के कृष्ण चतुर्दशी को स्नान का विशेष माहात्म्य है। घाट पर दूसरा प्रमुख मंदिर विशालाक्षी देवी का है जो धार्मिक महतव के साथ ही वास्तुशिल्प की दृष्टि से भी उल्लेखनीय है।

यह काशी का दूसरा मंदिर है जिसका निर्माण दक्षिण भारतीय मंदिर वास्तु परम्परा के अनुरूप गोपुरम एवं द्रविड़ शिखर से युक्त हुआ है। विशालाक्षी देवी काशी के नव गौरियों में एक है, जिनका दर्शन करने मात्र से व्यक्ति सम्पूर्ण सांसारिक कष्टों से मुक्ति पा जाता है।

ऐसा भी उल्लेखनीय मिलाता है की वर्तमान काशी राज्य के संस्थापक राज बलवंत सिंह ने रामनगर किले का निर्माण मीर रुस्तम अली के किले को तोड़कर उसके भग्रावशेषों से कराया गया था। 20 वीं सदी के प्रारम्भ तक यह पक्का घाट अत्यन्त जीर्ण होगया था।

घाट स्थित तीर्थ एवं मंदिर के कारण ही इसका प्राचीन नामकरण

हुआ था। घाट पर कार्तिक माह के कृष्ण चतुर्दशी को स्नान का विशेष महात्म्य है। घाट के पीछे स्थित दूसरा प्रमुख मंदिर विशालाक्षी मंदिर है जो धार्मिक महत्व के साथ ही वास्तुशिल्प की दृष्टी से भी उल्लेखनीय है। यह काशी का दूसरा मंदिर है जिसका निर्माण दक्षिण भारतीय वास्तु परंपरा के अनुरूप गोपुरम एवं द्रविड़ शिखर से युक्त हुआ है।

भाद्र माह के कृष्ण पक्ष तृतीय को मीर घाट पर स्नान के पश्चात इनका दर्शन पूजन करने का महात्म्य है।

नेपाली घाट

# 6

# नेपाली घाट

मीर घाट एवं ललिता घाट के बीच स्थित है नेपाली घाट।

वैसे तो भारत के प्रायः सभी प्रान्तों के महाराजाओं एवं विशिष्ट व्यक्तियों द्वारा निर्मित घाट गंगा की शोभा को बढ़ा रहे है। इसके अतिरिक्त भारत के समीपवर्ती एवं सहयोगी देश नेपाल के राजा द्वारा 1902 में निर्मित एक घाट है जिसे नेपाली घाट के नाम से जाना जाता है।

यह घाट अपने नेपाली स्थापत्य कला एवं निर्माण शैली के लिए पप्रसिद्ध है। यहाँ स्थित महल व मंदिर का निर्माण शैली हिमालय के तराई क्षेत्रों की निर्माण शैली पर आधारित है।

भवन निर्माण में ईंट व लकड़ियों की उपयोग किया गया है। स्तम्भों पर अति मनोहारी मूर्तियों को अंकित किया गया है। महल का रोशन दान विशाल है और इनकी पट्टियों पर विभिन्न कलाकृतियों को उककेरा गया है। महल के आगे छोटी बड़ी घंटियों से सजावट की गयी है। महल के अंदर शिव मंदिर है। यह मंदिर काशी में नेपाल को पशुपति नाथ मंदिर का प्रतीक रूप है।

इस मंदिर का पुनरुद्धरण एवं नवीनीकरण नन्ही बाबू द्वारा किया गया था।

इस घाट पर खपरा समुदाय के नेपाली लोगों का जमावड़ा है। पीपल एवं इमली के वृक्षों से यह घाट आच्छादित है।

ललिता घाट

# 7

# ललिता घाट

नेपाली घाट एवं जलशायी घाट के बीच स्थित ललिता घाट 20वीं सदी ई. के प्रारम्भ तक तीन भागों में विभक्त था| जिसे क्रमशः दक्षिण से नेपालीघाट, ललिताघाट एवं राज राजेश्वरी घाट के नाम से जाना जाता था। घाट के सामने गंगा में ललिता तीर्थ तथा घाट के उपर गली में ललितादेवी का मंदिर होने से इसका नाम ललिताघाट हुआ। घाट स्थित महत्वपूर्ण मंदिरों एवं भवनों में ललिता देवी मंदिर के अतिरिक्त समराजेश्वर मंदिर तथा राजराजेश्वरी मंदिर मुख्य है।

अत्यन्त प्राचीन एवं चुनार के बलुआ पत्थरों से निर्मित यह मजबूत घाट अपने सौन्दर्य के लिए विशेष रूप से जाना जाता है घाट की बनावट अद्भुत एवं अत्यन्त सुन्दर है। घाट पर मां ललिता देवी व राज राजेश्वरी मन्दिर में दर्शनार्थियों की संख्या पर्याप्त होता है। कहा जाता है कि मां राज राजेश्वरी के दर्शन से मनुष्य सभी प्रकार के दुष्प्रभावों एवं विपत्तियों से मुक्त हो जाता है। आदि शक्ति जगदम्बा को राजा राजेश्वरी नाम से जाना जाता है। ललित सहस्र नाम श्रीयंत्र पर कुमकुम अर्चना कर देवी की विशेष आराधना की जाती है।

इस घाट पर स्नान कर माँ ललिताम्बिका दर्शन कर भक्त निहाल हो जाता है। यहाँ दक्षिण भारतीय भक्तों की भीड़ बहुत अधिक होती है ।

घाट से होकर लम्बी बन्द गली है जो वस्तुतः घाट पर बने विशाल भवन का हिस्सा है, गली गर्मियों के दिनों में भी शीतल हवा के झोंकों से भरी रहती है। इसी विशाल भवन में स्थित है मां राज राजेश्वरी का मन्दिर। जहां स्थानीय लोगों के अतिरिक्त देश विदेश के अनेक सैलानी आते है और आनन्द का अनुभव करते हैं।

जलशायी घाट

# 8

# जलशायी घाट

ललित घाट एवं मणिकर्णिका घाट के बीच स्थित जलशायी घाट का पक्का निर्माण 20वीं सदी के पूर्वार्द्ध में राजा बलदेव दास बिड़ला ने कराया था।

इस घाट को जलासेन घाट भी कहते है। गंगा में शिव का निवास होने से इसे जलशायी या जलासेन घाट कहते है। ऐसी भी मान्यता है कि मृत व्यक्ति का रूद्रांश जलशायी शिवलिंग को समर्पित करने से मृत व्यक्ति मोक्ष प्राप्त करता है।

इस घाट का प्राचीन नाम मोक्षद्वारेश्वर घाट था। घाट के उत्तरी भाग में एक धर्मशाला है जिसमें शवदाह के लिये आये यात्री या बाहर से आने वाले मोक्ष पिपासु निवास करते है और यहाँ रहकर जलशायी घाट पर स्नान व मोक्षेश्वर शिव की पूजा अर्चना आदि करते है। जलशायी घाट पक्का एवं स्वच्छ घाट है। यहाँ स्थित भगवान् शिव का मंदिर अत्यन्त प्राचीन एवं चिन्मय है।

नित्य प्रति शवदाह के लिए काशी आये यात्री शवदाह के बाद रुद्रांश मोक्ष देवता भगवन शिव को समर्पित कर अपने परिजन के मुक्ति एवं मोक्ष की प्रार्थना करते है। इस घाट पर गंगा के अंदर भगवन शिव का मंदिर स्थित होने के कारण घाट का धार्मिक व पौराणिक महत्व भी है जो

प्राचीन काल से अघतन जारी है।

यह घाट सूंदर, स्वच्छ व घाटों की श्रृंखला में एक अद्भुत कड़ी है । जलशायी घाट पर वर्ष पर्यन्त आगन्तुओं की हलचल बनी रहती है।

मर्णिकर्णिका घाट

# ९

# मणिकर्णिका घाट

जलशायी घाट एवं दत्तात्रेय घाट के बीच स्थित अति विशाल एवं महा शमशान नाम से प्रख्यात इस घाट मणिकर्णिका घाट के नाम से जाने जाते है। मणिकर्णिका घाट काशी के पांच एवं प्रमुख प्राचीनतम तीर्थ एवं घाटों में एक है। मणिकर्णिका घाट के धार्मिक महत्व का विवेचन अनेक पुराणों एवं ग्रंथों में मिलता है। मत्स्य पुराण के अनुसार यहाँ पर प्राण त्यागने से मोक्ष की प्राप्ति होती है। घाट एवं घाट के समीप गंगा में अनेक तीर्थों की स्थिति मानी जाती है। जिनमें मणिकर्णिका के अतिरिक्त अविमुक्तेश्वरए इंद्रेश्वर, चक्रपुष्करणी, उमा, तारक, पितामह, विष्णु एवं स्कन्थ तीर्थ मुख्य है ।

काशी की पंचक्रोशी यात्रा करने वाले तीर्थ यात्री यहीं स्नान, दान, पूजन एवं संकल्प लेकर अपनी यात्रा प्रारम्भ करते हैं तथा अंत में यहीं आकर स्नान-दान करने के पश्चात यात्रा समाप्त करते हैं। यह घाट तीर्थ एवं शमशान दोनों होने केलिए प्रसिद्ध है। यहाँ प्राण त्यागने एवं शवदाह केलिए दूर दूर से लोग अपने प्रियजनों के शव के साथ आते है

घाट पर स्थित मणिकर्णिका कुण्ड और उससे जुड़ी कथा के कारण ही इस घाट का नाम मणिकर्णिका पड़ा। घाट स्थित मणिकर्णिकाकुण्ड चक्रपुष्करणी के नाम से जाना जाता था| पारम्परिक मान्यता के

अनुसार शिव और पार्वती जब कुण्ड का अवलोकन कर रहे थे उस समय पार्वती के कान का मणि चक्रपुष्करणी में गिर गया। पार्वती का कर्णमणि गिरने के कारण ही इसका नाम मणिकर्णिका पड़ा।

घाट पर अनेक मंदिर है जिनमें अधिकांश शिव को समर्पित है। शिव को समर्पित मंदिरो में तारकेश्वर मर्णिकर्णिकेश्वर रत्नेश्वर, आमेठीशिव एवं रानी भवानी मंदिर मुख्य है। इनके अतिरिक्त सिद्धिविनायक, मणिकणी विनायक, मणिकर्णीदेवी मंदिर एवं अनेक देवकुलिकांए भी है।

1730 में घाट का पक्का निर्माण महाराष्ट्र के पेशवा बाजीराव के सहयोग से सदाशिव नाइक ने कराया था। मर्णिकर्णिका में शवदाह की परम्परा 18वीं सदी से प्रारम्भ हुई।

दत्तात्रेय घाट

# 10

# दत्तात्रेय घाट

मणिकर्णिका घाट एवं सिंधिया घाट के बीच स्थित दत्तात्रेय घाट प्राचीन काल में बाजीराव घाट के नाम से प्रसिद्ध था| 1735 में बना यह घाट खुद बाजीराव पेशवा द्वारा निर्माण किया गया| इस घाट की यह विशेषता है की यहाँ घाट पे एक मंदिर है जो की अपने निर्माण समय से ही धरती एक तरफ झुका हुआ है|

घाट के ऊपर स्थित प्राचीन मंदिर दत्तात्रेयेश्वर के नाम से हि इस घाट का नाम दत्तात्रेय घाट पड़ा| दत्तात्रेय एक ब्राह्मण था जो ब्रह्मा विष्णु महेश के परम भक्त थे इसी कारन प्राचीन से ही दत्तात्रेय को ब्रह्मा विष्णु महेश के रूप के सामान लोग आदर सम्मान देते थे एवं उनका पूजा करते थे|

नौका विहार करने वालों को दत्तात्रेय का दर्शन हेतु गंगा तट पर भी एक मंदिर बना हुआ है

घाट से ऊपर जाने गेतु बहुत सारी सीढियां है और सीढ़ियों से ऊपर पहुँचते ही यहाँ के प्रसिद्ध एवं प्राचीन मंदिर में पर्वतेश्वर शिव लिंग का दर्शन कर सकते है| साथ ही हमें एक अनोखी मूर्ती देखने को मिलती है जिसमें ब्रह्मा विष्णु महेश तीनों के अंश यानी दत्तात्रेय दर्शन का सौभाग्य प्राप्त होती है|

# सन्दर्भ

|| इस पुस्तक को तैयार करने में सहयोग देने वाले हर एक व्यक्ति को दिल से मेरा प्रणाम ||

**विशेष धन्यवाद**

डॉ. हरी शंकर जी
लेखक
(काशी के घाट - कलात्मक एवं सांस्कृतिक अध्ययन)

वाराणसी प्रशासन

स्थानीय लोग

9839093003

myrichindia@gmail.com

facebook.com/drjagadeeshpillaiofficial

youtube.com/drjagadeeshpillai